ओशो एक जीवट

कपिलदेव प्रसाद यादव

डायमंड बुक्स

www.diamondbooks.in

प्रकाशक : डायमंड पॉकेट बुक्स (प्रा.) लि.
X-30 ओखला इंडस्ट्रियल एरिया, फेस - II
नई दिल्ली- 110020
फोन : 011-40712200
ई-मेल : wecare@diamondbooks.in
वेबसाइट : www.diamondbooks.in
संस्करण : 2025

Osho Ek Jivat
by *Kapildev Prasad Yadav*

लेखक द्वारा उद्धरित सुवचन।

1. आखिरकार यह धन सम्पदा और जीवन आपका है। इसका सर्वेश्वर स्वयं आप हैं। आप इसका छायाकार वृति का रचना जिस प्रकार बनाएं। इससे वह या तो आपको ख़त्म करता है या योग शांति सम्पन्न बनाता है।
2. सहज ही सक्षम है और सक्षम ही स्वभाव है एवं स्वभाव का जो साक्षी होता है वही व्यक्ति जगत का प्रेमावातर कहलाता है.
3. सहयोग मनुष्य को पुरुषार्थ प्रदान करता है।
4. मानव का सर्वश्रेष्ठ अंश प्रेम ही होता है।
5. अभ्यास और अनुभव मनुष्य के आत्मा और मानसिकता को गौरवशाली बनाती है।
6. प्रेम कर्त्तव्य और फर्ज को बल एवं दिशा प्रदान करता है।
7. जिस तन में श्वास और शिक्षा न हो, वह तन अपाहिज एवं विकलांग होता है। किन्तु जिस तन में श्वास और शिक्षा हो, वह सर्वोतम का अंश है। क्योंकि श्वास आकाश का हिस्सा है और आकाश परमात्मा का अंश है। इसलिए तुम्हारा तार ईश्वर से जुड़ा है।
8. लोक प्रसंग ही मानसिक दर्द उत्पन्न करता है।
9. प्रसंगों के साथ तारतम्य हो जाना ही अपने सर पर बोझ आसिन्न कर लेने के बराबर होता है।
10. 'समाधि' मनुष्य को सुसंगठित एवं कर्तव्य परायण बनाता है।

11. ईश्वर से सम्बन्ध स्थापित करने वाले मनुष्य के लिए कोई कार्य असम्भव नहीं।
12. यदि तुम अपने आंतरिक शक्ति को स्पर्शित किये हो तो तुम हर समस्याओं का निदानकर्ता हो।
13. सहज चिंतनशील मनुष्य सदा ऊँचाईयों पर आसिन्न रहता है।
14. जागृत व्यक्ति के अंदर मनुष्य के हितों की रक्षा करने के लिए संवेदना प्रकट होती है।
15. 'समाधि' प्राप्त मनुष्य को उसकी संवेदना महान बनाती है।
16. ईश्वरस्थ मनुष्य के लिए राष्ट्रहित सर्वोपरी होता है।
17. स्वभाविक लेखन मानसिकता को प्रबल करता है।
18. सर उठाकर जीना अपने जमीर को अमृत जैसा बनाता है।
19. सर उठाकर जीने वाले मनुष्य की मानसिकता सदा ऊँचाइयों पर आसिन्न होती है।
20. निस्वार्थ भाव से किया गया कार्य हमेशा लाभदायक होता है।
21. आत्म प्रबलता सबसे बड़ा धन है।
22. अपने स्वभाव से दूसरे मनुष्य को अवगत करने पर सफलता हासिल होती है।
23. अपनी आत्मिक स्वभाव को वर्षों संजोय रखने से 'समाधि फल' प्राप्त होता है।
24. भ्रम एक बहुत बड़ा मानसिक अवगुण है।
25. भ्रम सदा मानसिक दर्द प्रवाहित करता है।
26. भ्रम सभी कुंठित भाव एवं उलझनों का उन्माद गति प्रदान करता है।
27. अवगुण, भय, भ्रम एवं भ्रांति का जन्मदाता बनता है।

❒

समाधि

कपिलदेव प्रसाद यादव द्वारा जटिल शब्द 'समाधि' का नव निर्मित परिभाषा:-

समाधि- समाधि वह दशा होती है जिसको मानव या मनुष्य बोध एवं महसूस दोनों दृष्टि से अवगत होते हैं। जिसे साधारण मनुष्य भी साधारण रूप या अवस्था में प्राप्त कर सकते हैं। यह दशा या अवस्था अपनी प्रज्ञामति को शून्य में स्थिर कर प्राप्त की जा सकती है। इसका आध्यात्मिक एवं वैज्ञानिक दो पहलू संसार में उपलब्ध है। इसको प्राप्त करने से जीवन की समस्याएं हल हो सकती हैं। मानव या व्यक्ति चर्मोत्कृष्ट को प्राप्त हो सकता है किन्तु जीवन के मौलिक रहस्य को वह नहीं समझ पायेगा वह अंधकार में ही जन्म लिया एवं अंधकार में ही मृत्यु को प्राप्त हुआ। उसे प्रकाश का भेद मालूम ही नहीं हुआ, वह मृणमाय एवं चिन्मय के अंतर को समझा ही नहीं। इसलिए उसे मुक्ति एवं मोक्ष की प्राप्ति नहीं हो सकती उसका जन्म एवं मरन अवश्यम्भावी है। वह व्यक्ति जाति, धर्म, समाज, दौलत, प्रतिष्ठा इत्यादि को बहुलता प्रदान करेगा। वह व्यक्ति अपने स्वभाव को निम्न या शुद्र समझ सांसारिक वस्तुओं को ही सर्वश्रेष्ठ स्थान प्रदान करेगा इत्यादि। इस अवस्था को दिखाया नहीं जा सकता।

उदाहरणार्थ :- आम का वृक्ष अपने बहुमूल्य रस या अंश को डालियों तक इसके बाद पत्तों तक पहुंचा सकता है किन्तु फूल एवं फल प्रकट नहीं कर सकता।

यह अवस्था 'समाधि' की होती है। इसके अंश एवं आवेश के विद्यमानता को जाना जा सकता है। महसूस किया जा सकता है किन्तु कभी दिखाया नहीं जा सकता।

❐

समाधिफल

कपिलदेव प्रसाद यादव द्वारा जटिल शब्द 'समाधिफल' का नव निर्मित परिभाषा:-

समाधिफल- समाधिफल वह दशा या अवस्था होती है जिसका मनुष्य बोध के साथ-साथ साक्षी होता है। यह घटनाक्रम क्षणभर की नहीं होती है। यह तो अण्डाणु-शुक्राणु के मिश्रण से भ्रूण और फिर प्राण इसके बाद जन्म होता है। ऐसा ही एक निश्चित अन्तराल एक सीमित समय में 'समाधिफल' प्राप्त होती है। जिस तरह गर्भ से जन्म तक तकनीक नवजात को देख सकती है एवं वह नवजात संसार को देखने एवं दिखाने के लिए उपलब्ध होता है या रहता है। उसी प्रकार 'समाधिफल' प्राप्त मनुष्य तकनीक द्वारा गर्भ से 'समाधिफल' प्राप्त होने की घटनाक्रम या अवस्था को संसार में दिखने एवं दिखाने में सामर्थ्य या सक्षम या उपलब्ध होता है या रहता है। 'समाधिफल' का शब्दिक अर्थ, सार्थक अर्थ या एकल अर्थ पुनर्जन्म होता है यानि एक ही जन्म में पुनर्जन्म को ही 'समाधिफल' कहते हैं। इससे दूसरा कोई अर्थ होगा तो वह गलत ही होगा। जन्म या नवजात को संसार देखता है, इसलिए 'समाधिफल' या पुनर्जन्म को दिखाने की क्षमता या सामर्थ्य केवल 'समाधिफल' प्राप्त मनुष्य में ही होता है। 'समाधिफल' या पुनर्जन्म का अर्थ दूसरे शब्द में अवतार ही होता है। यह अवस्था साधारण मनुष्य को असाधारण कोटि में विद्यमान कर देती है। इस अवस्था को करने के लिए संसार की आध्यात्मिक एवं वैज्ञानिक दोनों पहलू नगण्य है। इसका केवल एक ही पहलू विद्यमान है वह है ईश्वर की कृपा। यही

धैर्य जगत को प्राप्त होती है। यह धैर्य केवल विलक्षण या असामान्य प्रतिभा से ही प्राप्त होती है। इस असाधारण प्रतिभा का केंद्र बिंदु प्रेम ही होता है। इसे प्राप्त होने के मार्ग में स्वयं के स्वभाव एवं सांसारिक स्वभाव में परस्पर टकराव या घर्षण होता है। इस घर्षण से हृदय व्यथित होती है, इस व्यथा से हृदय में पंचतत्व प्रकुटित होते है एवं कुछ अंतराल में वह संग्रहीत होते हैं एवं उसमें ऊष्मा उत्पन्न होती है और कुछ अन्तराल में उसके सभी तत्व भस्म हो जाते हैं। केवल उसमें एक तत्व बच जाती है और उसका प्रज्वलन बढ़ते-बढ़ते प्रज्ञा (मति) को हीट करती है और जिस दिन प्रज्ञा (मति) में विस्फोट होती है उस समय प्रज्ञा (मति) की मृत्यु हो जाती है, उस मानव की प्राणपखेरू उड़ जाते हैं। किन्तु तत्क्षण में उसके मुख मार्ग से आत्मा की 'अवतार' होती है वह मानव असाधारण मनुष्य बन जाता है। वह पुनर्जन्म को प्राप्त हो जाता है। यह अवस्था ही पुनर्जन्म या 'समाधिफल ' या अवतार होती है। यह मनुष्य जीवन के मौलिक रहस्य को समझ जाता है। वह मनुष्य प्रकाश में ही जन्म लिया एवं प्रकाश में ही शरीर का त्याग किया। उसे प्रकाश का भेद समझ में आ गया। वह मृणमय एवं चिन्मय का अंतर समझ गया। इसलिए उस मुक्ति एवं मोक्ष की प्राप्ति निश्चित है। उनका जन्म एवं मृत्यु नहीं होगा, वह केवल अवतार ही अवतार लेगा। उस मनुष्य के लिए जाति, धर्म, समाज, दौलत, प्रतिष्ठा इत्यादि सब कुछ निम्न होंगे। वह मनुष्य अपने स्वभाव को सर्वश्रेष्ठ एवं सांसारिक वस्तुओं को निम्न स्थान प्रदान करेगा। क्योंकि उसका स्वभाव अपने आप नहीं बल्कि स्वयं ईश्वर के द्वारा विरासत में मिलता है। यह मनुष्य धरती पर स्वयं ईश्वर के प्रतिनिधि के रूप में ही कृत्य करता है या करेगा। इस मनुष्य के लिए धरती पर सर्वश्रेष्ठ दौलत मानव सेवा ही होती है। उस मनुष्य के केंद्र में वह अंश ही विद्यमान होता है जो धरती की महामूल्यवान या अमूल्य सेवा को त्याग कर कुछ अपनाने ही नहीं देगा।

इस अवस्था को दिखाया जा सकता है। उदाहरणार्थ:- आम के वृक्ष के फूल एवं फल को संसार देखता है उससे स्वादिष्ट एवं आनन्द भी पाता है एवं

फूल फल संसार के रौनक में चार चाँद भी लगाते हैं। इसके अंश एवं आवेश के विद्यमानता को दिखाया जा सकता है, समझाया नहीं जा सकता।

इस अवस्था वाले को ईश्वर की विश्वसंचालन पर विश्वास एवं पूर्ण संतुष्टि होती है।

विश्व के विभूतियों में शुमार ईश्वरीय विरासत पर स्थापित ओशो सत्यवादियों के कतार में एक बीसवीं सदी के अग्रणी महापुरुष थे। यूं कहें की ओशो का तात्पर्य महापुरुष से नहीं बल्कि सत्यवादी अर्थात ईसा मसीह, सुकरात, मंसूर, बुद्ध, महावीर इत्यादि ईश्वरी महात्माओं के तुलनात्मक दृष्टि से सबसे तटस्थ भगवान हैं। जिनकी जीवन लीला एक अजीबो गरीब मार्ग दर्शाती है। ऐसे बीसवीं सदी में रहकर या होकर भी उनका हर्स सदियों वर्ष पुराने सत्यवादियों की भांति ही जीवन समर्पित हुआ। क्योंकि सदियों वर्ष पहले ईसा मसीह को सूली का दंड मिला एवं मंसूर जैसे ईश्वरीय महात्मा को गला रेतकर जैसे शर्मनाक दंड से उधृत किया गया किन्तु बीसवीं सदी में भी होकर ईश्वरीय महात्मा ओशो यानि भगवान रजनीश को भी थैलियम ज़हर जैसे शर्मनाक कृत्य को अंजाम देना समाज के लिए एक कुकृत्य दुष्कर्म से बढ़कर कुछ नहीं कहा जा सकता मैं विश्व समुदाय से पूछता हूँ कि क्या ईश्वर को अवतरित होकर विश्व समाज में एक सभ्य नागरिक की तरह जीवन व्यतीत करना अनिवार्य या उचित नहीं है? क्या इस वर्तमान ज़माने में भी उनका क़त्ल या ज़हर देकर मरना समाज के लिय अनिवार्य मानक रूप है। यही समाज का स्वरुप है कि ईश्वर को इस ज़माने में भी क़त्ल या जहर जैसे अभिशाप से शुशोभित होना पड़ेगा। क्या विश्व समुदाय का यह दायित्व नहीं बनता कि जब भगवान शारीरिक रूप में जीवन व्यतीत कर रहे हैं तो उनकी जाँच परख करने के उपकरण क्यूँ नहीं विकसित करते। आज विश्व में मिसाइल, हाईड्रोजन, बम, समय, ऋतु का सफल प्रक्षेपण करने का यंत्र विकसित है और एक ईश्वर का अवतरित नागरिक का सफल प्रक्षेपण उनकी यथार्थ जाँच की कोई उपकरण संसार में उपलब्ध नहीं है। क्यों विश्व जगत इस दिशा में कोई सार्थक उपकरण विकसित नहीं किया जा रहा है जिस कारण

वर्तमान समय में भी ईश्वर को कत्ल या जहर जैसे जघन्य हथकड़ी से समय रहते काल के आगोश में सामना कर पड़ता है क्या ईश्वर के लिए यह अनिवार्य है कि वे मनुष्य रूप में अवतरित है कि वे जब मनुष्य रूप में अवतरित हों तो उनको बड़े-बड़े महाकाव्यों की रचना करनी पड़ेगी दर-दर की ठोकरें खा कर एक संत जीवन जीते हुए समाज उनको जीवन रहते हुए कत्ल या ज़हर जैसे मानको से शुशोभित कर विदा करे। क्या ईश्वर को यह अधिकार नहीं की संत या महाकाव्य इत्यादि को दरकिनार कर एक आजाद स्वच्छ नागरिक का जीवन यापन करे। मैं जोर देकर एवं सुसंगठित होकर कहता हूँ कि ईश्वर को आजाद नागरिकता नहीं प्राप्त है। उनको विश्व समुदाय संत महाकाव्य त्याग इत्यादि बेतुका शब्दों के जाल से साधुता की चंगुल में जकड़ कर बांध दिए हैं इसलिए ही तो आज के ज़माने में अवतरित नागरिक को विश्व समुदाय सजाए मौत की फरमान अदा की हुई है। क्योंकि ओशो का देहवसान हुई कितनी साल हुई। बमुश्किल लगभग 34 वर्ष उस अवतरित महात्मा की मोरारजी देसाई से 36का आंकड़ा था यथार्थ उनकी राजनीतिक समुदाय या समाज से कई प्रकार की कलह था उन्ही में से किसी ने षड्यंत्र रचकर किसी ने थेलियम नामक ज़हर से जीवन रहते मौत के आगोश में धकेल दिया किन्तु अवतरित महापुरुष नाशवान नहीं होते। यह सत्य है कि उनके शरीर का अवश्य ही नाश हुआ किन्तु यह भी सत्य है कि मात्र 13 साल में ही वे दुबारा इस धरती पर अवतरित हुए हैं क्योंकि वे तो ईश्वर के वारिस के रूप भगवान रजनीश ओशो बनकर अवतरित थे। किन्तु शरीर के नाश होने पर मात्र 13 साल में पुन: दूसरे रूप में अवतरित हैं। संसार की कोई भी उपकरण या साधु संत या लोग समाज नहीं उनको जानती या पहचानती। उनको कोई भी नहीं देखता किन्तु वे मज़े से सबको देखते एवं आराम फरमा रहे है वे अपना या पराया सभी को देख रहे हैं। थेलियम जहर देने वाला या दिलाने वाले जाने धरती पर होंगे या विदा हो गये होंगे। किन्तु उन लोगों की विरादरी यही समझ रही होगी की ओशो का चैप्टर समाप्त हो गया लेकिन वो तो शरीर रूप में अवतरित होकर अपना दूसरा चैप्टर खोलने वाले हैं। ओशो ने अपने पहले अवतार में कई

काव्य की पुस्तकें लिखी कई युक्तियाँ बनाई कई थेरेपियों का विकास किया। किन्तु दूसरे अवतार में साधु संत की रूप रेखा छोड़कर त्याग कर एक साधारण आमनागरिक का जीवन व्यतीत कर रहे है। हाँ कुछ कहने सुनने के लिए कुछ पुस्तकें लिख चुके हैं लेकिन उनका इस अवतार में कुछ नई शब्दों की खोज। आम आदमी को ज्ञान हो कि कैसे ईश्वर को बातों के जरिये जाना पहचाना जा सकता है। इसकी खोज और अपने ईश्वरीय अवतार टेलिविज़न में दिखाने जैसे महत्वपूर्ण कार्य सम्मिलित हैं। दूसरे अवतार में ओशो काव्य-पुस्तके नहीं लिखना चाहते उनका सीधा संकेत साक्षात ईश्वर को दिखाना है। और विश्व को यह बताना है कि कैसे वे ईश्वर हैं। ओशो के पहले अवतार में अपने शरीर की हत्या का आदेश जीवित रहते हो गयी थी। इसलिए वे लिखे हैं।

कौन कहता है मौत अंजाम होना चाहिए।
मौत तो दिलों दिलों का पैग़ाम होना चाहिए।।

सच या सत्य पूछिये तो ओशो को मृत्युदंड देने वाले या मारने वाले या मरवाने वाले समझते होंगे कि ओशो का शरीर एवं आत्मा नाश हो गई परन्तु सत्य यह है कि उनके शरीर का जन्म 1984 में ही हो गया किन्तु ओशो का दूसरा अवतार 28 दिसम्बर 2003 में हुआ इस तरह ओशो का दूसरा अवतरित जीवन व्यतीत करते हुए इस धरती पर लगभग 2 साल हो गए। तो इसलिए वे सत्य ही लिखे थे कि मौत दिलों दिलों का पैगाम होना चाहिए। उनकी मौत वर्तमान में दिलों दिलों में संदेश ही बनकर है। ओशो अपने पहले जीवन में ज्यादा पढ़े लिखे थे। लगभग व्याख्याता थे और अवतार के बाद साधु संत बन गये थे। वे अपने पहले जीवन के किशोर एवं नवयुवक अवस्था में काफी मजाकिया एवं उदण्ड भाव के थे मार, झगड़ा, लाठी, डंडा में परांगत थे। लेकिन अवतार के बाद साधु संत बन गए और बहुत सा धन अर्जित कर लिया उस धन से उनकी मोह माया जाया ही नहीं करती थी वे अपने धन संपत्ति को छोड़कर जाना नहीं चाहते थे। इसलिए वे अपने पहले अवतार में लिखे भी थे।

हाय अभागा समझ नहीं पाया।
यह है आनी जानी छाया॥
आशा छाया जीवन छाया।
प्यार दुलारे जवानी छाया॥
जो कुछ हमें मिला है।
सपना सा खो जाने को है॥
आँखें हैं भूल जाने को।
पागल दिल वो सो जाने को है॥

यहाँ तात्पर्य यह है कि ओशो अपनी अर्जित सम्पत्ति, समाज और जीवन से जाना नहीं चाहते थे। शायद मुमुक्षा, मोक्ष की प्राप्ति हुई थी लेकिन सही ढंग में अवतार को नहीं देख पाए थे। सत्य रूप में मृत्यु को नहीं देख पाए थे। सत्य रूप में अवतार से साक्षात् नहीं हुए थे नहीं तो आधुनिक युग में रहकर भी केवल काव्य-पुस्तकें और उपदेश ही देते रहे कभी भी अपना अवतार नहीं दिखाए यही उनके स्वभाव या जीवन की चूक है। नहीं तो अवतार दिखा दिए होते तो विश्व में काव्य-पुस्तकें और उपदेश की क्या जरूरत पड़ती। पूरे विश्व पर एक क्षत्र राज करते। क्योंकि उनके पहले जीवन के समय टेलीविजन का अविष्कार हो गया था। उनके जीवन में ही भारत आजाद भी हुआ और पाक-चाइना से लड़ाई भी हुई। उस समय तो टेक्नोलॉजी थी। ईसा मसीह, सुकरात, मंसुर, मोहम्मद साहब, राम-कृष्ण, बुद्ध महावीर इत्यादि अवतरित महापुरुषों के ज़माने में टेक्नोलॉजी विकसित नहीं थी तो ये सभी अपने उपदेश को पुस्तक का रूप देने के लिए बाध्य थे। किन्तु ओशो तो बाध्य नहीं थे। ओशो ने जो अपने पहले अवतार में चूक कर चुके थे वो चूक इस अवतार में नहीं करेंगे। इसमें न कोई काव्य, न कोई उपदेश, न कोई थेरेपी केवल और केवल मृत्यु एवं अवतार के घटनाक्रम को टेलीविज़न पर दिखायेंगे साथ ही साथ दूसरे अवतार को आम आदमी पहचान सके वे युक्तियाँ एवं खोज और अनुसंधान की हुई शब्द यानि (समाधि फल) से

विश्व के सभी लोगों की जाँच करेंगे कि एकलौता अवतरित व्यक्ति हैं या संसार में दूसरे भी कोई अवतरित है। सत्यसांई बाबा की तरह केवल गरज कर नहीं रहने वाले कि मैं शिरडी वाले सांई बाबा का अवतार हूँ। शिरडी सत्यसांई बाबा बहुत सा धन जुटा लिए अपना जीवन ऐसा बनवा लिए कि कुछ उपदेश दे डाले किन्तु थोड़ा सा धन लगाकर अवतार नहीं दिखा पाए। इसलिए सत्य सांई बाबा शिरडी वाले सांईबाबा के अवतार थे इस तथ्य को मैं सिरे से ख़ारिज करता हूँ वह समाज को चमत्कार दिखाते थे जिसका तथ्य निरा झूठ था उन्हें एक पीसी सरकार जूनियर ने उनका पर्दा फाश भी किया था क्योंकि सत्यसांई बाबा माँ के गर्भ से पैदा हुए थे, उनके शरीर में शिरडी वाले सांई बाबा का अवतार किस रूप किस घटनाक्रम में अवतरित ही इस तथ्य की वो दिखा नहीं पाये। जब भी अवतार का घटनाक्रम होता है तो एक ही शरीर में मृत्यु और उसी शरीर में आत्मा के परिवेश को ही अवतार कहा जाता है, तभी वह साधारण मनुष्य यह देख पाता है कि मैं किस महापुरुष का अवतार हूँ। वह साधारण मनुष्य मृत्यु एवं जन्म दोनों को देखकर असाधारण मनुष्य बन जाता है यानि अवतरित हो जाता है।

सत्य सांई बाबा में यह गुण नहीं था इसलिए वे शिरडी वाले सांई बाबा के अवतार नहीं थे। सत्य सांई बाबा किसी का भी अवतार नहीं थे बल्कि वे एक उपासक, एक योगी, एक साधु, एक संत, एक गुरु हो सकते हैं किन्तु अवतार नहीं हो सकते। मैं ओशो के बारे में बताते चलूँ जो उनके बारे में बताने वाली बातें हैं कि ओशो जब माँ के गर्भ में थे तो उस समय गंगा मईया अपना विकराल रूप धारण करके उनके साक्षात के लिए चल पड़ी। ओशो की माँ उस समय अपने मायके में थीं वह जगह और उनका घर बहुत संकीर्ण गली में था तब भी गंगा मईया एक गली नाली से होते हुए उनकी यानि ओशो की माँ के पेट तक पहुंच गयी और दर्शन होते ही बाढ़ यानि गंगा मईया विलुप्त हो गई। तो मैं बताते चलूँ कि ओशो जब माँ के गर्भ में थे तो एक साधारण भ्रूण ही तो थे

अवतार तो थे नहीं क्योंकि अवतार की विधि दूसरी होती है। तब गंगा मईया एक भ्रूण से साक्षात के लिए कैसे चली आयी। यह ओशो को लज्जित करने वाली अनुयायियों द्वारा बढ़ा चढ़ा कर मन गढ़ंत बात कही गई है। यह सत्य है कि ओशो का आवतार हुआ था किन्तु माँ के गर्भ में नहीं बल्कि उनकी साधारण भ्रूण से जन्म हुआ और कुछ अंतराल के बाद उनकी प्राणपखेरू उड़ी और उनके उसी शरीर में आत्मा का अवतरण हुआ। इसलिए पुनार्जन्मित मनुष्य यानी अवतार थे। किन्तु माँ के गर्भ से नहीं बल्कि एक ही शरीर में उन्होंने दूसरा जन्म पाया। उनका जन्म अब मुमकिन ही नहीं नामुमकिन है अब वो केवल अवतार ही अवतार लेंगे। सत्य में बताऊँ कि ओशो का दूसरा अवतार 2003 में हुआ उस वक्त यथार्थ में गंगा मईया ओशो के चरणस्पर्श करने आई हो यह सत्य हो सकता है। आजकल संसार भर में एक ईस्टर डे मनाया जा रहा है जिसपर ईसाईयों के मत के साथ-साथ बूढ़े फ्रांसिस पोप का भी मत है कि ईसा मसीह को सूली पर चढ़ाने के 200 वां वर्ष बाद ईस्टर डे के दिन ही धरती पर ईसा मसीह का दुबारा माँ के गर्भ से जन्म होगा। किन्तु फ्रांसिस पोप को क्या पता कि अब ईसा मसीह का जन्म नहीं हो सकता। केवल देखने सूंघने एवं जांचने के लिए आँख, मुख और कान होना चाहिए। इसलिए ओशो अपने दूसरे अवतार में लिखते हैं:-

हाय स्व विवेकी जो समझ पाए।
यह है रुकने वाली प्रकाश॥
आशा प्रकाश जीवन प्रकाश।
प्यार दुलार जवानी प्रकाश॥
जो कुछ हमें मिला है।
सपना सा आ जाने को है॥
आंखे हैं देख लेने को।

स्वविवेकी दिलवा को जग जाने को है। यहाँ पर इस श्लोक क तात्पर्य यह है कि ओशो अपने पहले अवतार में अकूत सम्पत्ति किये हैं उसमें उनको सम्पत्ति

खो देने का ग़म सता रहा था। ओशो अपने दूसरे अवतार में थोड़ा सा भी अभी तक धन अर्जित नहीं किये हैं तो यहां पर उनको क्या-क्या मिला है ओ सपना सा आ जाने को है सिर्फ अपनी स्वविवेकी दिल को जागृत करने का भाव है। दूसरे अवतार में भी धन अर्जित करने की ललक है किन्तु व्याकुलता थोड़ी सी भी नहीं थी वो समय पर विस्वस्त हैं कि ओ समय आएगा और उनका धन, सम्पत्ति, मान-मर्यादा सब कुछ सपना सा आ जायेगा । ओशो खोए ही क्या हैं पूर्व अवतार में जो कुछ अर्जित है और वर्तमान अवतार में क्या है सब कुछ तो देख ही रहे हैं किन्तु पूर्व अवतार के एक चौपाई पर वर्तमान अवतार में बल दे रहे हैं कि

तन से मन की शक्ति अधिक है।
प्रबल देह से प्राण॥
पृथ्वी से आकाश बड़ा है।
जाने से अनजान॥

जिसके प्राणों में जितना कम अनजाना आकाश उसका उतना ही कम सार्थक पृथ्वी पर निवास। पूर्व अवतार में ओशो ध्यान यानि योग के आधार को बल दिया करते थे। किंतु वर्तमान के अवतार में मन एवं आत्मिक शक्ति और हृदय को सदैव जागृत रखने पर बल दिया करते हैं। यानि दोनों अवतारों में क्रियाकांड की एवं समय की भूमिका महत्वपूर्ण है। ओशो पश्मिात्य जगत के उपासक के रूप में जाने जाते हैं। किन्तु पश्मिात्य जगत में भी बहुत सी भ्रान्तियां है। इतनी भ्रान्ति की कोई ठोस लकीर को भी सहज दिलोदिमाग इंगित करने से इंकार करता है बाइबिल में लिखा गया है कि जब ईसा मसीह को सूली से क़ब्र में डाला गया तो उसके चौथे दिन वे आत्मा का सहज रूप धारण कर अपने खास लोगों से साक्षात् किये ऐसी भ्रान्ति किसी भी अवतार में सुनने को नहीं मिलती क्या ईसा मसीह माँ के गर्भ से अवतरित थे? नहीं मैं दावे के साथ कहता हूँ कि क्या हिन्दू, क्या मुस्लिम, क्या सिख, क्या ईसाई, कोई भी धर्म की अवतार माँ के गर्भ से संभव नहीं है। माँ के गर्भ से अवतार 100%बिलकुल गलत धारणा

या गलत बात है। बुद्ध भी गर्भ से साधारण राजपुत्र थे, किन्तु उनमें विलक्षण प्रतिभाओं का खाद्यान्न भरा था वे छोटी-छोटी बातों पर असहज महसूस किया करते थे। शादी-शुदा होने के बाद असहज क्या है इसकी गहन परिक्षण और ज्ञान की खोज में वो घर बार छोड़कर भ्रमण पर निकल पड़े। वर्षों बाद भ्रमण करते-करते वे गया के महाबोधि पीपल के पास विश्राम किए वहीं पर उनका पुर्नजन्म यानि अवतार हुआ। वे मृत्यु और फिर आत्मा के अपने अंदर आवेश होते देख पाए। वे साक्षात आत्मा के साक्षी बने। वहीं से वे एक साधारण सिद्धार्थ से असाधारण बुद्ध बन गये। वे मुमुक्षा से पार होकर मोक्ष की प्राप्ति की। इस तरह वे जन्म एवं मृत्यु के भेद को समझ गए और इस तरह बौद्ध महाकाव्य की रचना की। ओशो भी किशोर अवस्था में मुमुक्षा से पार हो चुके थे और नवयुवक अवस्था में ही पुनर्जन्म को प्राप्त यानि उनमें अवतरण की घटना कर्म हो चुकी थी किन्तु उनको निर्धनता परास की हुई थी। इस कद्र वे पराजय के मुहताज थे कि उनको लगता था कि कहीं से रुपया उड़कर उनके पैरों को सलाम करेगा। वे विकट परिस्थिति में भी रहे,बहुत दुःख भी झेले यहाँ तक कि विरह की रात्रि उन्हें इस तरह अपने आगोश में ले चुकी थी कि कटने से नहीं कट रही थी। कहीं कमाने जा नहीं सकते क्योंकि पुनर्जन्म से आध्यात्मिक हो चुके थे। मुफ्त में कहीं से रुपया पैसा आ नहीं सकता ताकि उनकी प्रत्येक जरूरत और हर ख्वाहिस को पूरा नहीं किया जा सकता। अमीरी गरीबी की जाल से वे छुटकारा पा नहीं रहे थे अंततः उनको वैरागी होना पड़ा। क्योंकि विरह की पीड़ा से उनको दूर तक छुटकारा दिखाई नहीं पड़ा रहा था। अंततः वे वैरागी हुए। घर बार छोड़कर निकल पड़े तब जाकर कुछ समय के बाद उनको इन संकीर्ण अवस्थाओं से मुक्ति मिली और इस तरह कई काव्यों के रचियता बन बैठे। इसलिए अब ओशो का कभी जन्म नहीं होगा। क्योंकि जन्म से हो उनकी मुक्ति हो चुकी है और अब केवल और केवल अवतार ही अवतार लेंगे। माँ के गर्भ से ओशो का जन्म अब मुमकिन ही नहीं नामुमकिन है। अब ओशो केवल पुरुषों

में अवतार ही अवतार लेंगे और पुरुषार्थ को प्राप्त होते रहेंगे। ओशो के देहवसान होने के लगभग 6 वर्ष पहले शरीर ने धरती पर जन्म ले लिया। शिशु अवस्था में ही शरीर में पोलियो नामक रोग लग गया। उसके बाद शरीर सींचता हुआ बाल अवस्था में पहुंचा। बाल अवस्था के बाद किशोर अवस्था में पहुंचते ही परिवार वालों के कारण हृदय व्यथित हो गया और इस तरह दिलो दिमाग में वैराग्य ने जन्म ले लिया। किशोर अवस्था के आठ साल के अन्तराल में काफी विरह की पीड़ा उत्पन्न हुई। यह समय और हालात काँटे भरा रहा किन्तु उस समय सिर्फ मन था। उस मन की विशेषता क्या बताऊँ। चट्टान की तरह अडिग पत्थर की तरह लकीर की फकीर, कभी न मुड़ने वाली धाराओं की तरह सतत निरंतर वेग प्रवाहित करने वाली अदम्य साहस, कभी न झुकने वाली पहाड़ जैसी अद्वितीय मनोवृति इत्यादि। यह यथार्थवादिता उस मन में कूटकूट कर रची क्यों थी। किन्तु पारिवारिक वैराग्यता की पीड़ा के वेग असहनीय होता जा रहा था।

फलस्वरूप किशोरा अवस्था में ही 19 साल की उम्र में ही इस शरीर में ओशो के विचारों का जन्म हुआ। इस शरीर की जितनी विरह की पीड़ा, असहनीय पारिवारिक वैराग्य की पीड़ा कभी अंधेरा या धूल की तरह पल भर में समाप्त हो गई। सचमुच में सब भ्रान्तियां थी पीड़ा तो थी ही नहीं। नहीं तो पल भर में कैसे समाप्त होती। उसे खत्म होने में समय लगता। किन्तु भ्रान्तियां थी जो कि प्रकाश के आते ही अंधेरा नौ दो ग्यारह हो गई। सत्य में ओ वास्तविक पीड़ा थी ही नहीं। शरीर में जो वास्तविक रोग है ओ पल भर में कैसे समाप्त होगा। किन्तु वे सब असहनीय पीड़ा थी लेकिन भ्रमक थी जो प्रकाश के आते ही खत्म हो गई। सभी भ्रांतियों का समाधान हो गया। जीवन और मृत्यु की राग समझ में आ गई। मृण्मय और चिन्मय का भेद समझ में आ गया। बाल अवस्था में जो सुख आनंद था वही सुख और आनंद 21 सालों से शरीर को भावविह्वल कर रही है। शरीर कैसे-कैसे रोगों से जकड़ा है इसका पता या एहसास तक नहीं होता। दिलो-दिमाग में क्या तुम हो क्या मैं हूँ, क्या सब हैं इसका भान नहीं रहता।

भान रहता है तो सिर्फ एक, वह है खुद को टेलीविजन पर दिखाना। यह समय, इसमें व्यय धन कब कहाँ से आएगा। इसका भी जरा सा भान नहीं रहता। ये सब ओशो पर निर्भर है कि समय आने पर वे सब सुलभ एवं दुरुस्त कर देंगे। इसिलिये तो कहता हूँ।

हाय स्वविवेकी जो समझ पाये।
यह है रुकने वाली प्रकाश ।।
आशा प्रकाश, जीवन प्रकाश ।
प्यार दुलार,जीवन प्रकाश ।।
जो कुछ हमें मिला है ।
सपना सी आजाने को है।।
आँखें है देख लेने को।
स्वविवेकि दिलवा को जग जाने की है।।

सत्यवादी सुकरात को ही देखिये । वे जीवन पर्यंत सब कुछ पर बोलते थे किन्तु जहाँ सत्य की बात आती थी वहाँ पर बिल्कुल मौन रह जाते थे। जब उनका अन्त समय आया तो उनके अनुयायी आग्रह करने लगे कि प्रभु अब तो संसार से विदा हो रहे हैं। सत्य पर अब तो कुछ बोलिये तो उन्होंने पहली पंक्ति बोली कि सत्य कहूं तो झूठ बन जाऊँ, क्योंकि सत्य तो शून्य है और शून्य को कहने के लिए कोई शब्द नहीं होता। सत्य को बताने के लिए शब्दों को जोड़ना पड़ेगा और जब शब्द को जोड़ेंगे, तो झूठा बनना पड़ेगा । सत्य तो बिल्कुल शुन्य अवस्था है जहाँ न कोई अपना न कोई पराया। न राग, न द्वेष किसी का भान नहीं रहता। यूनान के सुप्रसिद्ध दार्शनिक सुकरात अपने शिष्यों से घिरे बैठे थे। तभी एक ज्योतिषी आया जो चेहरा देखकर भविष्य बताने का दावा करता था। सुकरात के विचार जितने सुन्दर होते थे उतने ही वह बदशक्ल थे। उस ज्योतिषी ने सबके सामने सुकरात के बारे में कहा "यह व्यक्ति महाक्रोधी है" यह बात इसके नयनों की बनावट से स्पष्ट होती है। यह सुनकर सुकरात के शिष्यों को

क्रोध आ गया। लेकिन ज्योतिषी निर्भयतापूर्वक आगे बोला, इस व्यक्ति के ललाट व शीश की रचना से पता चलता है कि यह लोभी भी है। होठों एवं दांतों को देखने से पता चलता है कि यह देशद्रोह के लिए सदैव उत्सुक रहता है। यह सब सुनकर सुकरात ने ज्योतिषी को पुरस्कार देकर विदा किये। यह देखकर सुकरात के शिष्य असमंजस में पड़ गये । सुकरात ने अपने शिष्यों के विस्मय को दूर करने के लिए ध्येय से कहा। ज्योतिषी ने जो भी अवगुण बताये, वह सब मुझमें विद्यमान है। सत्य को छिपाना व्यर्थ है, मैं उन सब अवगुणों को स्वीकार करता हूँ। हाँ ज्योतिषी ने एक गलती कर दी उसने मेरे ज्ञान का विचार नहीं किया। ज्ञान शक्ति के कारण ही मैं तमाम अवगुणों को नियंत्रित किये रहता हूँ। ज्योतिषी ने मात्र यही एक बात नहीं बतायी। इसी तरह रजनीश भगवान ओशो अपने चरम युवा अवस्था में थे। तो वह एक जगह अध्यात्मिक उपदेश दे रहे थे तो भीड़ में से एक लड़का उन पर जूता चला दिया। जूता सीधे उनके शरीर से जा टकराया। तब तक भीड़ ने उस लड़के को पकड़कर धुनाई करने लगी। ओशो यह दृश्य देखकर हतप्रभ हो गये और बहुत ही विनम्र भाव से भीड़ से आग्रह किये कि उस लड़को को छोड़ दिया जाये। क्योंकि इससे आत्म शुद्धि या हृदयात्मक शुद्धि लड़के की हुई या मेरी हुई या हम दोनों की शुद्धिकरण हुआ। यह नम्रता सुनते ही भीड़ ने लड़के को बख्श दिया। ठीक इसी तरह एक गाँव में अध्यात्म का पाठ चल रहा था तो प्रतिदिन एक खूबसूरत स्त्री मंच के अगले हिस्से पर आसिन्न होकर अध्यात्मिक उपदेशाकार के तरफ नजरे बिछाकर बहुत ही विनम्र भाव से उपदेश सुना करती थी उस भीड़ में कुछ मनचले युवक भी हुआ करते थे। उन युवकों की नज़रें उस सुंदर स्त्री पर हुआ करती थी । एक दिन मध्य रात्रि में उपदेश खत्म हुई तो सुंदर स्त्री अपने गंतव्य की ओर चल पड़ी। कुछ मनचले युवक भी उसका पीछा करते हुए निकल पड़े जब सुंदर स्त्री सुनसान रास्ते से गुजरी तो मनचले युवक स्त्री पर मर मिटने लगे। सुन्दर स्त्री से कहने लगे कि बुढ़ऊ महात्मा पर का मरअ तारु हमनी से विआह रचाल, जिनगी संवर

जाई। बहुत ही अनाप शनाप युवक बोले जा रहे थे। सुंदर स्त्री सब सुनते हुए आगे बढ़ रही थी आगे एक नदी थी स्त्री नदी में प्रवेश करने लगी। मनचले युवकों में हड़कम्प मच गया। युवक सुन्दर स्त्री को बाहर आने के लिए क्षमायाचना करने लगे किन्तु सुन्दर स्त्री सतत निरन्तर आगे बढ़ती गई पहले कमर तक फिर सीने तक पानी पहुंच गया उसके बाद सिर तक और फिर इसके बाद सुन्दर स्त्री नदी में विलुप्त हो गई। अब आपस में युवक झगड़ने लगे, कहा-सुनी करने लगे कि, तु अइसा ना कहतअ, तु वइसा न कहतअ त उ न मरित। अब काल्हहमनी पकड़ाएमसन, हमनी पाप कइलेबानी सन इत्यादि। कहते-कहते नवयुवक अपने-अपने घर जाकर सो गए। जब दूसरा दिन अध्यात्म उपदेश शुरू हुआ तो मनचले युवकों भी पहुंचे उन लोगों के अन्दर डर एवं कौतुहल दोनों था। जब उन मनचले युवकों दिखा कि वह सुन्दर स्त्री फिर अगली कतार में विराजमान है और ध्यान से उपदेश सुन रही है। तब जाकर मनचले युवकों का सिर का पानी पाँव पर आ गया। तब मनचले युवक उस सुन्दर स्त्री का पाँव पकड़कर पूछने लगे कि रात में तो आप नदी में डूबकर मर गई थी। फिर ज़िन्दा कैसे हुई। तब अध्यात्मिक उपदेशाकर बोले कि ये गंगा मईया हैं और प्रतिदिन उपदेश सुनती हैं एवं अध्यात्मिक गुरु को साक्षात कराती हैं। तब जाकर मनचले युवकों को अध्यातम में भाव विभोर हुए एवं हृदय का शुद्धिकरण हुआ। ठाकुर रामकृष्ण परमहंस को आमतौर पर लोग विवेकानंद के गुरु के रूप में ही ज्यादा जानते हैं। वह भारतीय ऋषि परंपरा के उज्ज्वल नक्षत्र हैं। माँ काली के भक्त, एक अनासक्त साधक के रूप में भारत के अध्यात्मिक जगत में उनकी पूजा होती है और ठाकुर के रूप में श्रद्धालु उनकी कृपा, उनका आशीर्वाद मांगते हैं। कोलकाता में गंगा के किनारे दक्षिणेश्वर मंदिर उनकी तपोभूमि है। जहाँ आज भी ठाकुर का साधना कक्ष देखने बड़ी संख्या में लोग पहुंचते हैं। माँ काली के दर्शन करने के बाद उनके कक्ष में पहुंचना ही मानो दर्शन की पूर्णता है। उस पूरे परिसर में आज भी उनके साधक अनुभूतियाँ प्राप्त करते हैं। उनके कक्ष में पहुंचकर तो लगता है कि साक्षात रामकृष्ण परमहंस देव का सान्निध्य मिल गया हो। उनके एक भक्त

डॉ. महेन्द्र ने उनके भांजे ह्रदयनाथ के संस्मरणों के आधार पर एक ग्रन्थ श्री रामकृष्ण लीलामृतम् लिखा है, जिसमें उनके जीवन की आध्यात्मिक चेतना अनेक प्रसंगों के माध्यम से रूपाकार लेती है। अत्यंत सहज भाव से जीवन जीते हुए भी वे कितने उच्च्च कोटि के साधक थे, बेहद तर्कबुद्धि और वैज्ञानिक सोच का नरेन्द्रनाथ दत्त उनके समक्ष नतमस्तक होकर स्वामी विवेकानंद बन गया। काली माँ का तो उन पर ऐसा आशीर्वाद बताया जाता है कि ठाकुर हठपूर्वक उन्हें अपने साथ भोजन करने बुला लेते थे। माँ को पुकारते हुए मचल कर मंदिर में लोट पोट होकर जार-जार आंसू बहाने जैसे उनके कई प्रसंग लोग आज भी याद करके रोमांचित हो उठते हैं। उन्हें देखने वाले लोग सोचते थे कि क्या ये पागल हो गया है। ठाकुर इतने सरल ह्रदय व सादा तरीके से रहन-सहन वाले थे कि कोई उनकी थाह भाँप नहीं पाता था। ऐसी ही एक कथा उनके बारे में सुनने को मिलती है कि एक बार कोई सिद्ध साधक योगी दक्षिणेश्वर आये। वहाँ रहते हुए उन्होंने एक दिन रामकृष्ण देव से पूछा की आपने क्या-क्या साधना की है। ठाकुर मुस्कुरा दिए और बोले कि कुछ खास नहीं, बस माँ काली की सेवा और पूजा करता हूँ। योगी महाशय ने उन्हें समझाते हुए कहा कि कुछ साधना करो, सिद्धि प्राप्त करो, जीवन को इस तरह व्यर्थ मत गंवाओ। योगी ने कहा कि चलो तुम्हे अपनी सिद्धि दिखाता हूँ। वह ठाकुर को लेकर गंगा किनारे पहुंचे और बोले कि देखो मैं जल के ऊपर चलकर गंगा पार कर जाऊंगा। यह मेरी जीवन भर की साधना का सुफल है। ठाकुर आश्चर्य से उन्हें देखते रहे और योगी देखते-देखते गंगा पार कर गये। तेज उठती लहरें भी उनका कुछ नहीं बिगाड़ सकी। वह पुनः धीरे-धीरे चलकर वापस इस पार आ गये। योगी ने ठाकुर की ओर देखा और बोले यह है मेरी सिद्धि जिसे जीवन भर की तपस्या-साधना से मैंने प्राप्त किया है। ठाकुर ने कहा, महाराज यह तो वास्तव में चमत्कार है, लेकिन इससे लाभ क्या है साधक को, यह काम तो नाविक को एक पैसा देकर भी किया जा सकता है जो दिन भर लोगों को नाव में बैठा कर गंगा पार कराता रहता है। फिर इसमें जीवन क्यों लगाना, यह तो जीवन और साधना को व्यर्थ गंवाना ही हुआ। भक्ति

और साधना तो आत्मतत्व को पहचान कर, उसे शुद्ध बनाकर परम तत्व से जोड़ना है। साधक कोई जादूगर नहीं होता कि चमत्कार दिखाता फिरे। बताते हैं कि ये बातें सुनकर योगी को बड़ी शर्मिंदगी हुई और पश्चाताप भी और वह ठाकुर का भक्त बन गया। एक ऐसी ही लीला ओशो जब ग्रेजुएशन में थे तो उनके वहाँ पर एक नाट्य लीला का अयोजन था। ओशो भी अपने साथियों के साथ लीला देखने गए। सभी लोग कुर्सी पर विराजमान थे। लीला प्रारंभ होने की ताक में सभी लोग थे। लीला थोड़ी देर से प्रारंभ हुई। किन्तु लीला शुरु होते ही मंच कुर्सियों और लाठियों से कुरुक्षेत्र में बदल गया। ओशो अपने साथियों के साथ अचंभित हैं कि भाई माजरा क्या है। तो ओशो और साथी देखते हैं। कि सीता मईया और राम जी लीला में रूप धारण किये थे वो आधुनिक जमाने का लिबास था। भला सीता मईया लिपस्टिक, सेंडिल, एवं लहंगा पहन कर मंच पर उतरेंगी और भला राम जी शेरवानी, टोपी जूता और घड़ी पहनकर मंच पर उतरेंगे। बस माजरा यही था कि सदियों पूर्व सीता-राम का नाटक शुरू हुआ था जिसमें राम को धनुष-बाण लेकर एवं सीता मईया को नंगे पाँव गेरुआ वस्त्र में आना चाहिए था। तो ये नाट्य मंडली आधुनिक मॉडल में मंच पर उतर आई। अब परम्परा और हृदय को तो आघात पहुंचना ही था। बस क्या था सब कुछ पूरा हो गया। आज भी भारतीय सामाज कितना अंधविश्वास में जीता है कि इस अत्याधुनिक जमाने में क्या सीता मईया और राम जी अवतार लेंगे तो क्या सदियों पुरानी लिबास में ही आयेंगे वह सब लिबास तो आदिवासियों तक आकर सिमट गए हैं। तो क्या फिर सीता मईया और राम जी को धरती पर आने का हृदय स्फुरण करेगी तो वे लोग सिर्फ आदिवासी सामाज में ही आयेंगे। आम सामाज में आना उन लोगों के लिए मुमकिन नहीं है। क्योंकि आम समाज तो हाबर्ड यूनिवर्सिटी में शिक्षा ग्रहण कर रहा है। तो सीता मईया और राम जी आना भी चाहेंगे तो यह घोर अंधविश्वासी समाज आने नहीं देगा। क्योंकि अब तो न वह लिवास रहा, न जमाना रहा और न ही वह सब समाज या परंपराएँ रहीं। तो वो लोग आयेंगे कैसे साफ बात है कि चाहकर भी नहीं आ पायेंगे। जबकी

सनातन धर्म की अर्थवेद में कहा गया है कि "जीवन की सिद्धि तो वास्तव में यही है, यही अध्यात्मिकता का मंत्र है कि जीवन को अंधकार से प्रकाश की ओर, बुराई से अच्छाई की ओर व मृत्यु से अमरता की ओर ले जाये। भक्ति व साधना तो इस गंतव्य का मार्ग है। मैंने जिस आध्यात्मिक शब्द (समाधिफल) की खोज करी है उसके अनुसंधान के मार्ग में प्रशस्त है विहंगम योग के पूर्व डायरेक्टर श्रीमान अर्जुन सिंह से मुलाकात हेतु उनके पैतृक निवास गाजीपुर गया। वे भी दो पुस्तकों के रचनाकार हैं। उनसे मुलाकात हुई। उनकी उम्र लगभग 75 या 80 वर्ष हो चली है। वे बहुत ही मिलनसार एवं योग्य विचार के व्यक्ति हैं। उनसे मैं (समाधिफल) पर प्रकाश डालने को आग्रह किया। तो उनका जवाब यही निकला कि बाबू मैं तो अब जीवन के अस्त के निकट हूँ इसलिये झूठ नहीं बोलूंगा। समाधिफल से मैं बिल्कुल अनभिज्ञ हूँ और जब आप प्रकाश डालें है तो उसका जलवा भी अवश्य दिखायेगा वे मुझे बहुत ही सदबुद्धि और मान सम्मान दिया। मैं उनसे काफी संतुष्ट होकर घर लौट आया। उसके बाद रामनगर मठ बरौली गोपालगंज पहुंचा वहाँ के मठाधीश के सामने अपना पक्ष (समाधिफल) रखा। तो अज्ञानता में मठाधीश बात को बेतुका बनाते गये और मैं तर्क पे तर्क रखता गया। हम लोगों की बात नहीं जंची। खैर मैं भोजन किया और रात्रि विश्राम वहीं पर लिया। सुबह में आरती के बाद मैं अपने घर चला आया। मैं अपने खोज और उसकी अनुसंधान पर पूर्ण संतुष्ट तो था ही थोड़ी सी हृदय में किसी की थाह भाँपने की जरूरत आ पड़ती है। इसके बाद मैं अपने सहयोगी आदर्श बसन्तपुर के मठाधिस नागा बाबा के समक्ष मैंने अपना पक्ष रखा। नागा बाबा कहने लगे की मेरी उम्र 65 या 70 की हो चली है और आज तक न समाधिफल मिला है और न ही उसके बारे में जानता हूँ। आप समाधिफल की खोज ही नहीं उसपर 3 पेज का व्याख्या भी दिये हैं इसलिए आप चमत्कारिक नवयुवक हैं। आप इसे आगे लेकर बढ़िए जिससे सबका कल्याण हो। मैं नागा बाबा के विचारों से काफी प्रभावित हुआ एवं आश्वस्त भी तब से इस समाधिफल को अपने चरमोत्कर्ष तक पहुंचाने के प्रति कार्यरत हूँ। भारतीय धर्म में सनातन

धर्म सबसे प्रमुख एवं प्रभुत्शाली धर्म है इसलिए वर्तमान समय में भी भारतीय समुदाय में बहुत बड़ी तादाद में साधु संतों की जमघट है। जिनमें भिन्न-भिन्न रूपों में साधु संत निवासित हैं। जिनमें नागा साधु,अघोड़ी से लेकर सरस्वती एवं शंकराचार्य तक भिन्न-भिन्न प्रकार के साधु संत मिलेंगे और सभी तपस्यारत हैं। हाल ही में समाचार पत्र के माध्यम से मुझे जानकारी हुई कि अपने यहाँ आज भी एक ऐसे साधु हैं जो लगभग 17 सालों से न बैठकर खाना खाते हैं और ना ही लेटकर सोते हैं उनका सारा क्रिया कर्म खड़े-खड़े होता है। इतना कठिन तपश्वी के बारे में सुनकर मैं सन्न रह गया। ऐसे-ऐसे कठिन तपश्वी अधिसंख्य हैं जिनसे भारतीय साधुता एवं संत योग कलयुग में भी पूरे संसार में जड़ जमाए हुए हैं। तपस्या मैं भी किया हूँ किन्तु कोई साधु-संत नहीं हूँ। सिर्फ एक नागरिक हूँ जिसका एक मात्र उद्देश्य अपने अवतार को संसार के सामने रखना है। ओशो भगवान को राजनीतिज्ञों से छत्तीस का आंकड़ा चला करता था। वो अपने वक्तव्य में लिखते हैं कि एक आदिवासी इलाके में एक नेतागण पहुंचे। नेतागण के भाषण को सुनने आदिवासियों की जमात इकट्ठी हुई। नेतागण बोलना शुरु किये कि यहाँ की प्रत्येक पगडंडियों को चौड़ीकरण कर पक्की सड़क बना दी जायेगी। सभी आदिवासी हाथ ऊपर कर एक सुर में अवाज दिये होबा - होबा। नेतागण खुब खुश हुए। तब उन्होंने बोला की सभी घरो में बिजली - पानी पहुंचाई जाएगी। सभी आदिवासी एक सुर ताल में आवाज दिये। खूब होबा होबा। नेतागण खूब हर्षित हुए। उनका भाषण खत्म हुआ अब बारी आई थोड़ा गाँव में घुमने की। आदिवासी नेतागण को पगडंडी रास्तों से गाँव के तरफ ले जाने लगे। पगडंडी रास्तों में मल मूत्र का अम्बार लगा था और नेतागण सरपट चाल से चल रहे थे। तभी आदिवासियों को आवाज लगाई कि नेता जी सम्भल कर चलिये कहीं होबा-होबा पर पैर न पड़ जाए। तब जाकर नेता जी का होश ठिकाने आया कि भाषण के समय ये आदिवासी जन हाथ उठाकर क्यों होबा - होबा की अवाज़ दे रहे हैं। नेता जी बहुत शर्मिन्दगी महसुस करते हुए। भोले भाले आदिवासियों की थाह लगा लिए की नेतागणों के भाषणों की चाल को

आदिवासी समाज अच्छी तरह से वाकिफ है। वर्तमान में भी कोई नेतागण 1लाख 70 हजार करोड़ रूपया देने की बात कहते हैं तो दूसरे थाली से दाल चावल गायब होने की बात कहते हैं। किन्तु चुनाव खत्म होते ही सभी नेतागण अपने-अपने लिबास में स्थाई हो गये। उन लोगों की पिड़ा मर्यादा व्याकुलता सब खत्म हो गई। दुबारा चुनाव आने पर उनकी चेतना एवं संवेदना सामाज के प्रति जगृत होगी। आज का समय उन लोगों को पुकार रहा है, जो पूरी मनुष्य जाति से संपर्क करके उसे करुणा और मार्गदर्शन दे सकें। हमें एक नये संसार का निर्माता बनाना होगा- उन लोगों के लिए नहीं जो व्यक्तिवाद-पुंजीवाद अथवा भौतिकवाद को अपनाना आदर्श मानते हैं और नहीं उन लोगों के लिये जो प्राचीन धार्मिक रुढ़ियों के गुलाम हैं और विश्वास नहीं कर सकते कि सत्य, प्रेम व प्रकाश के प्राकृतिक नियमों के अनुसार कर्म करके उनका जीवन बदल सकता है और वे अपनी आत्मशक्ति तथा आत्मप्रकाश को अनुभव कर सकते हैं। भारत ने ब्रह्मांडीय चेतना से अपनी अंतरात्मा को संपर्क जोड़ कर स्वयं को खोना है जाग्रत किया है और मानवता को संरक्षित किया है। हमारे वैदिक संत वैज्ञानिकों ने हमें पूर्ण अध्यात्मिक प्रगति,आत्मबल तथा ज्ञान-विज्ञान का मार्ग दिखलाया है। इस क्षेत्र में जिसके पास यह समझ, परम शुद्ध ज्ञान तथा दैवीय शक्ति है, वही हर जगह व्याप्त संपूर्ण दैवीय अज्ञान और अपूर्णता को मिटा सकता है। आज भारत के पुनरुद्धार के लिए एक जन-जागृति की जरूरत है। प्रत्येक भारतीय स्वयं को सत्य सनातन धर्म में पुन: स्थापित कर सकता है जो मानवकृत नहीं है। और न ही इस पर किसी धर्म का ठप्पा लगा है। सनातन धर्म अध्यात्मिक सत्य है। वैदिक ऋषियों ने निरंतर ध्यान द्वारा आत्मविज्ञान की प्राप्ति हुयी, जिसमें केवल ध्यान-प्रार्थना ही नहीं बल्कि कर्म, अनुभव और भावना का भी ज्ञान है। जीवन का एक नियम है और वह ब्रह्मांडीय ऊर्जा तथा इसके पूर्ण व्यवस्था की लय पर आधारित अदृश्य ज्ञान है। भारत भाग्यशाली है, जो इस बाबत सत्य की प्राप्तकर्ता संरक्षक, आदर्श और प्रस्तुतकर्ता रहा है। सनातन धर्म का अर्थ है- सदैव सही आचरण करना। इसका जीवन भर पालन

करना होता है। इसकी आत्मा प्रत्येक क्षेत्र, समाज, राजनीति धर्म, साहित्य, विज्ञान, हमारी निजी आकांक्षाओं, विशेषताओं और कर्मों में प्रवेश पा सकती है। भारत में सत्य, धर्म अथवा ब्रह्मांडीय ज्ञान को पुनर्जीवित करने की अथक प्रयास किया जा रहा है जो सत्यम् शिवम् सुन्दरम् में निहित है और भारत की मिट्टी में सदैव विद्यमान रहेगा।

ओशो एक जीवट। यहाँ पर जीवट का तात्पर्य ऐसे आत्मा से है जो सदियों से इस संसार में विद्यमान है अथवा यह सदियों से संसार में बार-बार अवतरित हैं और आगे भी अवितरित होते रहेंगे। बिल्कुल हिमालय पर्वत माला की तरह जीवट। उसकी चट्टानों की तरह अमर। ओशो का संसार में बार-बार अवतरित होना, इस बात का संकेत देता है कि ये कितना प्रभावशाली महापुरुष है। ओशो एक जीवट ही नहीं, एक आत्मा ही नहीं बल्कि महाआत्मा है जिनको संसार में दिखलाना मेरा परम दायित्व ही नहीं परम लक्ष्य भी है। इनका मुकाबला किसी से नहीं क्योंकि मुकाबला तो एक बीमार मानसिकता की ओर इंगित करता है। बहुत से माता-पिता को लगता है कि बिना प्रतिस्पर्धा की भावना के बच्चों में आगे बढ़ने की प्रेरणा ज्यादा देर तक कायम नहीं रखी जा सकती। मुकाबले का सीधा सा मतलब है कि आप जो कुछ भी काम कर रहे हैं, उसमें आपकी रूचि नहीं है। हमें अपने बच्चों को ऐसी परवरिश देनी चाहिए, ताकि वे आगे चल कर जो भी करें, इसलिए करें कि उन्हें उसे कुछ अर्थ नजर आता है। इसलिए नहीं कि कोई दूसरा कभी ऐसा कर रहा है और वे बस उससे बेहतर करना चाहते हैं। हम समझदार इंसान पैदा करना चाहते हैं। जो अपनी जिंदगी को सावधानी से परखें और ऐसे काम करें, जो हर किसी के लिए सर्वश्रेष्ठ हो। दुनिया में अगर कोई इंसान कुछ बन पाता है, तो वह सिर्फ इसलिए नहीं कि वह वैसा बनना चाहता था, बल्कि इसलिए क्योंकि उसने अपने अंदर ऐसी काबिलियत पैदा की है, किसी काम को अच्छी तरह से करने के लिए उसमें जरूरी क्षमता और दिमाग में स्पष्टता है। कोई इंसान कभी भी प्रतिस्पर्धा की वजह से कोई चीज

बेहतर नहीं करता है। यह सोच पूरी तरह से गलत है। सीमित समय के भीतर बहुत ज्यादा काम कर डालने के लिए मुकाबले की जरूरत पड़ती है। अगर मुकाबले की मानसिकता वाले इंसान बन जायेंगे। एक बात तो तय है कि जैसे ही आप मुकाबले में शामिल होते हैं, आप अपनी काबिलियत को दूसरे लोगों के स्तर तक नीचे गिरा लेते हैं। दूसरी बात यह है कि ऐसा करके आप मानवता की बुनियादी भावना खो देते हैं। और इससे आपके जीवन के दूसरे पहलू भी पूरी तरह से ढक जाते हैं। अगर आपका मकसद बस दूसरों से बेहतर होना है, तो इसमें आपका सारा जीवन स्वाहा हो जायेगा। मुकाबले में अगर आप जीतते हैं, तो आप एक दयनीय और बेतुके इंसान होंगे। और अगर हारते हैं, तब तो स्वाभाविक रूप से आपकी हालत दयनीय होगी। जीतने वाले को बस एक पल की खुशी मिलती है कि मैं किसी और से बेहतर हूँ। लेकिन अगले ही पल वह इस बात से डरने लगता है कि कल कोई मुझसे बेहतर इंसान आकर मेरी जगह ले सकता है। लेकिन मुकाबला तो जीवन का संघर्ष बिन्दु है। इसे होना ही चाहिये, तभी तो जीवन सफल होगा। मैं किताब प्रकाशित कराने के संदर्भ में पश्चिमपुरी दिल्ली के सम्यक प्रकाशन के पास पहुंचा। वहाँ पर सम्यक प्रकाशन के पुरोधा से मुलाकात हुई। मुलाकात के संदर्भ में, मैं अपनी किताब "ओशो एक जीवट" उनके आगे बढ़ाई। वो जब पन्ना पलटे तो भड़क उठे। मैं जानना चाहा कि प्रश्न क्या है उनका उत्तर आया की इसमें जय माँ सरस्वती का कोटेशन दिया हुआ है। पुरोधा जी बोले की जय माँ सरस्वती, राधे-कृष्ण, जय श्री राम इत्यादि यह सब ब्राह्मणों की ढोंग रचित अंधविश्वासी खेल है। सदियों से पिछड़ा समाज को पीसती आ रही है। पुरोधा जी बोले कि मैं सम्यक प्रकाशन का संचालन ब्राह्मणों, सामन्तो इत्यादि से पिछड़ों को छुटकारा दिलाने के मार्ग में अग्रसर हूँ। मैं ओशो का नवयुवक प्रशंसक उनसे उलझना अच्छा नहीं समझा। किन्तु हृदय में पुकार उठी कि आप पिछड़ों के हितैशी हैं तो सम्यक प्रकाशन को खड़ा कीजिए कि पिछड़ा समाज देवी-देवता का पूजन न करे। वो आप जैसी

विचारधारा का निर्वाह करे जहाँ जीवन में सकारात्मक सोच के साथ समझ का भी विकास जरुरी हो। मेरा हृदय गुंजायमान होने लगा कि लश्करे तैयबा का संचालक हाफिज़ सईद अल्लाह के नाम पर खून से राजनीति कर व्यक्तियों को ढेर में तब्दील करता है, और मालामाल होते चला जा रहा है। ठीक ऐसे ही हिन्दू बाबा आजकल रील के द्वारा प्रसिद्द होकर मालामाल हो रहे हैं प्रकाशन का उद्देश्य सभी को जागरूक करना है जिसमें लेखक से लेकर पाठक तक आना चाहिए। लेखन एवं शिक्षा का सही मार्ग वही होता है कि कट्टरता एवं आपसी भेदभाव को त्याग कर सभी को सही मार्ग पर उद्वेलित करें।

ओशो एक जीवट का तात्पर्य एक बुद्ध विरासत से ही नहीं हैं बल्कि ओशो एक ऐसा जीवात्मा हैं। एक पहलू पर प्रकाश डालें तो ओशो ही सत्य राम, कृष्ण के अवतार हैं। इस तथ्य को जब के अवतार को साक्षी रूप यानि प्रमाणित रूप संसार को दिखाया जायेगा तब जाकर दुनिया को राम-कृष्ण, बुद्ध, क्राइस्ट इत्यादि का भेद समझ में आयेगा। मैं ओशो को दुनिया के सामने प्रमाणित करके ही सुकून लूँगा। इसलिए ही तो ये पंक्तियाँ उद्धरित कर रहा हूँ।

न कोई अपना।
न कोई पराया ॥
मैं घर में बैठा खाता चारा ।
यही है हाल मेरा रोज़मर्रा ॥
किन्तु हूँ सबका सेवक।
आग्रह करता दुनिया से॥
कर दे न्याय तुम्हारा ।
यहीं है इंसाफ हमारा॥
तुम न जानो मुझको ।
किन्तु में करता हूँ तुम्हारी रखवाली ॥
मैं हूँ कमजोर।

किन्तु करता हूँ तुम्हारा भरपूर विरोध।।
यही है कार्य हमारा।
भला बुरा इन्सान तुम्हारा ।।
तुम दो मुझ पर चाबुक बरसाए।
ताकि मुझे भी याद आये।।
तब मैं पगला के।
कर दूँ दुनिया को हाय हाय।।
किन्तु मैं करता तुम्हारा चरण स्पर्श।
ताकि तुम न कर दो मुझे बेकस।।
मेरा प्रेम तुझे नसीब हो ।
तेरा न कुछ मुझे नसीब हो।।
यही राय है हमारा तुम्हारा।
तेरे पर हूँ मैं कुर्बान ।।
मुझपर न हो कोई बलिदान।।
तेरा मेरे लिए सब हो द्वारा ।
किन्तु मेरा बंद हो सब द्वार।।
तुम हो परम सम्मानित देवता हमारा ।
मैं हूँ गबरू इन्सान तुम्हारा।।
तुम कर दो मेरा मूल सर्वनाश ।
ताकि मैं कर दूँ सबका कल्याण ।।
यही है पैगाम हमारा ।
ताकि मैं अंकित कर सकूं नाम तुम्हारा।।
यही है आदेश हमारा ।
ताकि मैं नपवा सकूँ विवेक तुम्हारा।।
यही है संघर्ष हमारा।

ताकि मानवो में सर्वमान अंश हो तुम्हारा॥
जो तुम से छोटा है।
ओ तुम्हारा ही वारिस है॥
जो मुझसे बड़ा है।
ओ मेरा ही अभिभावक है॥

इसी संदर्भ में आगे उद्धरित कर रहे हैं।

तक़दीर बदल दूंगा।
तस्वीर बदल दूंगा॥
मैं हूँ एक आकाशीय अंश।
सबका नसीब बदल दूंगा॥

ओशो संकीर्ण विचारधाराओं में से नहीं है जो की किसी एक धर्म या सम्प्रदाय को लेकर चलें बल्कि वो एक आकाशीय पिंड हैं जो कि सभी धर्म, सम्प्रदाय को लेकर चलने वाले आकाशीय प्रवर्तक हैं। धरती की विडम्बना को देखिए कि मंदिर, मस्जिद, गुरुद्वारा, चर्च इत्यादि सभी स्तम्भ यहां प्रचुर मात्रा में उपलब्ध हैं। किन्तु मृत्युलोक की खासियत है कि उसकी एक ईंट यानि एक भूभाग को जरा सी खरोंच आयी तो उस कौम के लोग पलक झपकते लाखों सिर कलम कर देते हैं। हजारों करोड़ों की संख्या में गाड़ी इत्यादि संपदा को नुकसान पहुंचाया जाता है। अरबों की संख्या में जान-माल की क्षति होती है। किन्तु एक साक्षात ब्रह्मदेवता अपनी जान-माल की सुरक्षा हेतु पूरब से पश्चिम तक भटकता है और अंततः उसकी हत्या या मृत्यु होती है, चाहे ओ सुकरात या ओशो क्यों न हो मृत्युलोकवासी पर जूं तक नहीं रेंगती। समस्त संसार तमाशा देखता रह जाता है। यह धरतीलोक की विडम्बना नहीं तो क्या है कि निर्जीव यानि ईंट पत्थर पर खरोंच आयी तो कौम सुलग उठती है और चिनमय यानि सजीव आकासीय ब्रह्मवेता देवदूत

को खरोंच ही क्या नृवंश हत्या या जटिल व्याधियों से जान गवानी पड़े तब भी समस्त संसार मूकदर्शक बना रहता है। जबकि ब्रह्मवेता पुरुष की कौम ही है विवेकशील प्राणियाँ फिर भी ब्रह्मवेता यानि आकाशीय स्तम्भ के प्रति कोई भी लपट नहीं सुलगती। इतनी राख कोई भी लोक में देखने को नहीं मिलती। यह सत्य में अचम्भित कर देने वाली परम्परा है।

दिव्य मनुष्य का लक्ष्य

इंसानियत इसलिए खत्म हो रही है कि हमने दिल और दिमाग को अलग कर दिया है या यूँ कहें कि सोच से भावनाओं को अलग कर दिया है। दिमाग दिल पर हावी हो गया है। दिल और दिमाग की स्थिति को भावनात्मक संतुलन की स्थिती भी नहीं कही जा सकती, क्योंकि संतुलित व्यक्तित्व की हमेशा ही जीत होती है। जबकि असंतुलन हमेशा असफलता का ही कारण बनता है। हम अपने आंतरिक और ब्रह्म व्यक्तित्त्व को अलग-अलग नहीं बाँट सकते। दुनिया को एक नयी सोच, एक नया नजरिया अपनाने की जरूरत है। एक ऐसी सोच, जो वैज्ञानिक और आध्यात्मिक हो। इसे मैं क्रांति कहता हूँ। वास्तव में दुनिया इसी क्रांति के इंतजार में है, जिसमें धर्म और विज्ञान का भेद खत्म हो जाये और धर्म में विज्ञान, विज्ञान में धर्म नजर आये यानि दोनों एक नजर आएं जिसमें भौतिकवादी होने के साथ संतुलित रूप से अध्यात्मिक भी हो सकते हैं। मैं समाज को तकनीक और विज्ञान दोनों ही प्रकार से उन्नत होते हुए इससे मिली हर प्रकार की सुख-सुविधाओं के साथ आगे बढ़ते हुए देखना चाहता हूँ लेकिन मैं उतना ही ज्यादा समाज में अध्यात्मिक जागरूकता भी देखना चाहता हूँ। ताकि वे विज्ञान की हर देन का भरपूर आनन्द ले सकें। मैं हर किसी को भगवान बुद्ध की तरह बनते देखना चाहता हूँ लेकिन उतना ही मैं यह भी चाहता हूँ कि दुनिया में जितना संभव हो, सुख-सुविधाएं बढ़ें और ये ज्यादा-से-ज्यादा खूबसूरत दिखे। हमें एक सेतु का निर्माण करना होगा। मानवता के भविष्य के

लिए नयी सोच और नए मानव के साथ एक नई दुनिया के निर्माण के लिए हमें जो करना है वह यही कि पुरानी सभी सोच को छोड़ दो। चाहे आध्यात्मिक हो या भौतिक सभी वैर भूल जाएँ। इस प्रकार हम एक ऐसा यथार्थवादी दृष्टिकोण अपनाए जिसमें अपने बाह्य रूप में भौतिकवादी होने के साथ आत्मिक रूप में हम आध्यत्मिक भी हों। हमें इन दोनों को जोड़ना है। इनके बीच एक सेतु का निर्माण करना है।

—› **ओशो**

❑❑❑

ओशो साहित्य

ओशो
गुरु परताप साध की संगति...250.00

ओशो
शिक्षा ओशो की दृष्टि में...250.00

ओशो
भारत : एक अनूठी सम्पदा...150.00

ओशो
ॐ मणि पद्मेहुम...75.00

ओशो
ज्यों की त्यों धरि दीन्हीं चदरिया...200.00

ओशो
आत्म-पूजा उपनिषद (भाग-1)...350.00

ओशो
आत्म-पूजा उपनिषद (भाग-2)...350.00

ओशो
जनसंख्या विस्फोट...150.00

ओशो
अमृत की दिशा...150.00

ओशो
गांधी पर पुनर्विचार...75.00

ओशो
झुक आयी बदरिया सावन की...75.00

ओशो
मिट्टी के दीये...175.00

ओशो
ज्योतिष विज्ञान...150.00

भाग 1.... 250/-

ओशो के जीवन पर आधारित उपन्यास

एक फक्कड़ मसीहा

ओशो के बचपन से महाप्रयाण तक की यात्रा 3600 पृष्ठों में एक सहयात्री की अपने गुरु को अनुपम भेंट

भाग 2-250/-भाग 3-250/-भाग 4-250/-भाग 5-250/-
भाग 6-250/-भाग 7-250/-भाग 8-250/-भाग 9-250/-

ओशो
मेडिसिन और मेडिटेशन...30.00

ओशो
श्रेष्ठ कौन?...30.00

ओशो
शरीर मन संतुलन...30.00

ओशो
युवक और यौन...30.00

ओशो
उत्तरदायित्व...30.00

ओशो
प्रेम का अर्थ...30.00

ओशो
अहिंसा...30.00

ओशो
जीवन मृत्यु...30.00

ओशो
तृष्णा...30.00

ओशो
एकमात्र समस्या...30.00

ओशो साहित्य

ओशो
हसिबा खेलिबा धरिबा ध्यानम...175.00

ओशो
जीवित मंदिर...175.00

ओशो
उपनिषद शून्य संवाद...150.00

ओशो
नये भारत की खोज...150.00

ओशो
अभिनव धर्म...175.00

ओशो
नये समाज की खोज...175.00

ओशो
धर्म और राजनीति...175.00

ओशो
बहुतेरे हैं घाट...150.00

ओशो
एक एक कदम...150.00

ओशो
आकाश भर आनंद...150.00

ओशो
मेरे तो गिरधर गोपाल...175.00

ओशो
सत भाषै रैदास...150.00

ओशो
ध्यान क्या है...150.00

ओशो
मौलिक क्रान्ति...250.00

ओशो
शिव सूत्र...300.00

ओशो
राम नाम रस पीजै...150.00

ओशो
एकमात्र उपाय जागो...150.00

ओशो
शून्यता है महामुक्ति...150.00

ओशो
गिरह हमारा सुन्न में...250.00

ओशो
चेति सकै तो चेति...250.00

ओशो
जीवन की खोज...175.00

ओशो
अमृत की दिशा...150.00

ओशो
एक एक कदम...175.00

ओशो
मरौ हे जोगी मरौ...350.00

ओशो
पिव पिव लागी प्यास...275.00

ओशो
प्रभु की पगडंडियां...175.00

ओशो
सहज योग (भाग-1)...395.00

ओशो
सहज योग (भाग-2)...395.00

ओशो
सहज समाधि भली (भाग-2)...300.00

ओशो
सहज समाधि भली (भाग-1)...250.00

ओशो साहित्य-डीलक्स संस्करण

पतंजलि योग-सूत्र
(भाग 1 से 5)
पेपर बैक संस्करण : 500/- प्रत्येक
सजिल्द संस्करण : 600/- प्रत्येक

अष्टावक्र महागीता
(भाग 1 से 9)
पेपर बैक संस्करण : 300/- प्रत्येक
सजिल्द संस्करण : 400/- प्रत्येक

ओशो
भारत एक अमृत पथ....595.00

ओशो
अथातो भक्ति जिज्ञासा (भाग-1)..500.00

ओशो
अथातो भक्ति जिज्ञासा (भाग-2)..500.00

ओशो
भक्ति सूत्र..600.00

ओशो
शिव सूत्र..300.00

ओशो
जिन खोजा तिन पाइयां..500.00

ओशो
ताओ उपनिषद (भाग-1)..600.00

ओशो
ताओ उपनिषद (भाग-2)..600.00

ओशो
ताओ उपनिषद (भाग-3)..500.00

ओशो
ताओ उपनिषद (भाग-4)..500.00

ओशो
ताओ उपनिषद (भाग-5)..500.00

ओशो
ताओ उपनिषद (भाग-6)..500.00

ओशो
महावीर वाणी (भाग-1)..600.00

ओशो
महावीर वाणी (भाग-2)..600.00

ओशो
भारत के जलते प्रश्न..500.00

ओमिन्दर सिंह
नहिं राम बिन ठांव..350.00

ओशो
मन ही पूजा मन ही धूप..350.00

ओशो
दीया तले अंधेरा..500.00

ओशो संबंधित साहित्य

स्वामी ज्ञानभेद
उस नजर ने क्या से क्या बना दिया...250.00

स्वामी प्रेम वेदांत
चेतना के पंख...150.00

स्वामी ज्ञानभेद
बेइरादा नजर उनसे टकरा गई...250.00

सत्य निरंजन
मेरे प्रिय आत्मन्...200.00

स्वामी ज्ञानभेद
ओशो मयखाने के ये दीवाने रिंद...250.00

स्वामी अगेह भारती
ओशो रस भीज्यों...225.00

प्रेम निरतीथ
उसी की ये शराब...150.00

ओशो
मेरी रजनीशपुरम् यात्रा...150.00

स्वामी अगेह भारती
ओशो के आस-पास...250.00

स्वामी अगेह भारती
स्पंदन...150.00

स्वामी अगेह भारती
ओशो शिष्य की दास्तां कविता की जुबां...225.00

विपुल गौतम
भावना के भोजपत्रों पर ओशो...95.00

स्वामी अगेह भारती
ओशो की मधुशाला में बच्चन...150.00

स्वामी अगेह भारती
ओशो गाथा...150.00

स्वामी अंतर जगदीश
त्वमम् शरणम् गच्छामि...250.00

वसंत जोशी
ओशो ध्यान और उत्सव के ऋषि...250.00

ओशो
विचारों के फूल...150.00

स्वामी अगेह भारती
जीवन के रंग ओशो के संग...150.00

स्वामी अगेह भारती
डायरी के पन्ने...150.00

स्वामी अगेह भारती
अल्लाह गवाह है...150.00

स्वामी ज्ञानभेद
ओशो ही ओशो...250.00

मा धर्म ज्योति
दस हजार बुद्धों की गाथाएं...150.00

स्वामी अगेह भारती
अंधकार से प्रकाश की ओर...150.00

स्वामी अगेह भारती
ओशो एक महाप्रारंभ...150.00

स्वामी अगेह भारती
एक ओशो शिष्य की अन्तर्यात्रा...150.00

स्वामी राजा भारती
ओशो प्रेम घटा बरसी...150.00

स्वामी ज्ञानभेद
चल ओशो के गांव में...150.00

स्वामी ज्ञानभेद
ध्यान प्रेम की छांव में...250.00

प्रो. अरविन्द कुमार
ओशो डायरी के दर्पण में...225.00

सविता ब्रेंट (मा आनंद सविता)
एक अव्याख्य पुरुष के साथ...400.00